All I want is stay
in my PJs &
watch Favorite
Hallmark Movies
with my Bestie
all day long

My Notes

My Notes

All I want is stay in my Pjs & watch Favorite Hallmark Movies with my Bestie all day long

My Notes

All I want is stay
in my PJs &
watch Favorite
Hallmark Movies
with my Bestie
all day long

My Notes

My Notes

All I want is stay
in my PJs &
watch Favorite
Hallmark Movies
with my Bestie
all day long

My Notes

My Notes

All I want is stay
in my PJs &
watch Favorite
Hallmark Movies
with my Bestie
all day long

My Notes

My Notes

All I want is stay
in my Pjs &
watch Favorite
Hallmark Movies
with my Bestie
all day long

My Notes

My Notes

All I want is stay
in my PJs &
watch Favorite
Hallmark Movies
with my Bestie
all day long

My Notes

My Notes

All I want is stay
in my PJs &
watch Favorite
Hallmark Movies
with my Bestie
all day long

My Notes

My Notes

All I want is stay
in my Pjs &
watch Favorite
Hallmark Movies
with my Bestie
all day long

My Notes

My Notes

All I want is stay in my PJs & watch Favorite Hallmark Movies with my Bestie all day long

My Notes

My Notes

All I want is stay
in my PJs &
watch Favorite
Hallmark Movies
with my Bestie
all day long

My Notes

My Notes

All I want is stay
in my PJs &
watch Favorite
Hallmark Movies
with my Bestie
all day long

My Notes

My Notes

All I want is stay
in my Pjs &
watch Favorite
Hallmark Movies
with my Bestie
all day long

My Notes

My Notes

All I want is stay
in my PJs &
watch Favorite
Hallmark Movies
with my Bestie
all day long

My Notes

My Notes

All I want is stay
in my PJs &
watch Favorite
Hallmark Movies
with my Bestie
all day long

My Notes

My Notes

All I want is stay
in my PJs &
watch Favorite
Hallmark Movies
with my Bestie
all day long

My Notes

My Notes

All I want is stay in my Pjs & watch Favorite Hallmark Movies with my Bestie all day long

My Notes

My Notes

All I want is stay
in my Pjs &
watch Favorite
Hallmark Movies
with my Bestie
all day long

My Notes

My Notes

All I want is stay
in my PJs &
watch Favorite
Hallmark Movies
with my Bestie
all day long

My Notes

My Notes

All I want is stay
in my PJs &
watch Favorite
Hallmark Movies
with my Bestie
all day long

My Notes

My Notes

All I want is stay
in my PJs &
watch Favorite
Hallmark Movies
with my Bestie
all day long

My Notes

My Notes

All I want is stay
in my PJs &
watch Favorite
Hallmark Movies
with my Bestie
all day long

My Notes

My Notes

All I want is stay in my PJs & watch Favorite Hallmark Movies with my Bestie all day long

My Notes

My Notes

All I want is stay
in my Pjs &
watch Favorite
Hallmark Movies
with my Bestie
all day long

My Notes

My Notes

All I want is stay
in my Pjs &
watch Favorite
Hallmark Movies
with my Bestie
all day long

My Notes

My Notes

All I want is stay
in my PJs &
watch Favorite
Hallmark Movies
with my Bestie
all day long

My Notes

My Notes

All I want is stay in my PJs & watch Favorite Hallmark Movies with my Bestie all day long

My Notes

My Notes

All I want is stay
in my PJs &
watch Favorite
Hallmark Movies
with my Bestie
all day long

My Notes

My Notes

All I want is stay in my PJs & watch Favorite Hallmark Movies with my Bestie all day long

My Notes

My Notes

All I want is stay
in my Pjs &
watch Favorite
Hallmark Movies
with my Bestie
all day long

My Notes

My Notes

All I want is stay
in my PJs &
watch Favorite
Hallmark Movies
with my Bestie
all day long

My Notes

My Notes

All I want is stay in my Pjs & watch Favorite Hallmark Movies with my Bestie all day long

My Notes

My Notes

All I want is stay in my PJs & watch Favorite Hallmark Movies with my Bestie all day long

My Notes

My Notes

All I want is stay
in my PJs &
watch Favorite
Hallmark Movies
with my Bestie
all day long

My Notes

My Notes

My Notes

My Notes

All I want is stay
in my PJs &
watch Favorite
Hallmark Movies
with my Bestie
all day long

My Notes

My Notes

All I want is stay in my Pjs & watch Favorite Hallmark Movies with my Bestie all day long

My Notes

My Notes

All I want is stay
in my PJs &
watch Favorite
Hallmark Movies
with my Bestie
all day long

My Notes

My Notes

All I want is stay
in my PJ's &
watch Favorite
Hallmark Movies
with my Bestie
all day long

My Notes

My Notes

All I want is stay in my PJs & watch Favorite Hallmark Movies with my Bestie all day long

My Notes

My Notes

My Notes

My Notes

All I want is stay
in my PJs &
watch Favorite
Hallmark Movies
with my Bestie
all day long

My Notes

My Notes

My Notes

My Notes

All I want is stay in my PJs & watch Favorite Hallmark Movies with my Bestie all day long

My Notes

My Notes

My Notes

My Notes

My Notes

My Notes

All I want is stay in my PJs & watch Favorite Hallmark Movies with my Bestie all day long

My Notes

My Notes

All I want is stay in my PJ & watch Favorite Hallmark Movies with my Bestie all day long

My Notes

My Notes

All I want is stay
in my PJ's &
watch Favorite
Hallmark Movies
with my Bestie
all day long

My Notes

My Notes

My Notes

My Notes

My Notes

My Notes

All I want is stay
in my PJs &
watch Favorite
Hallmark Movies
with my Bestie
all day long

My Notes

My Notes

All I want is stay in my Pjs & watch Favorite Hallmark Movies with my Bestie all day long

My Notes

My Notes

All I want is stay
in my Pjs &
watch Favorite
Hallmark Movies
with my Bestie
all day long

My Notes

My Notes

All I want is stay in my PJs & watch Favorite Hallmark Movies with my Bestie all day long

My Notes

My Notes

All I want is stay
in my Pjs &
watch Favorite
Hallmark Movies
with my Bestie
all day long

My Notes

My Notes

All I want is stay
in my PJs &
watch Favorite
Hallmark Movies
with my Bestie
all day long

My Notes

My Notes

All I want is stay
in my Pjs &
watch Favorite
Hallmark Movies
with my Bestie
all day long

My Notes

My Notes

All I want is stay
in my PJs &
watch Favorite
Hallmark Movies
with my Bestie
all day long

My Notes

My Notes

All I want is stay in my Pjs & watch Favorite Hallmark Movies with my Bestie all day long

My Notes